스스로

급수 한자

실전연습으로 시험준비 끝

8급 · 문제집

KB211621

스쿨존에듀
SCHOOLZONE

스스로 급수한자 문제집 8급

ISBN 979-11-978668-7-6 63700

초판 1쇄 펴낸날 2022년 11월 10일

펴낸이 정혜옥 ‖ 기획 컨텐츠연구소 수
표지디자인 book design **twoesdesign.com** ‖ 내지디자인 이지숙
마케팅 최문섭 ‖ 편집 연유나, 이은정

펴낸곳 스쿨존에듀
출판등록 2021년 3월 4일 제 2021-000013호
주소 04779 서울시 성동구 뚝섬로 1나길 5(헤이그라운드) 7층
전화 02)929-8153 ‖ 팩스 02)929~8164
E-mail **goodinfobooks@naver.com**

〈스스로 급수한자 문제집〉으로 시험을 쉽게~

그동안 열심히 익힌 한자, 시험을 준비하고 있다면 문제집만 한 게 없죠.
실제 시험 출제 유형 그대로 10번의 테스트를 해 보고, 목표한 점수만큼 나오는지 체크해 보아요.

☑ 똑똑하게 활용하기 1

표지에 있는 전체 8급 한자를 먼저 읽고 시작해요. 기초 다지기가
잘되어 있는지 먼저 확인하고 문제를 풀면 문제가 쉬워져요.

☑ 똑똑하게 활용하기 2

실제 시험시간 50분에 맞춰 풀어보세요. 시험의 긴장감을
미리 체험해 실전에서 편안해질 수 있어요.

☑ 똑똑하게 활용하기 3

답안지를 오려 실전처럼 답을 작성하고 채점해 보아요.
연습만이 실수를 줄일 수 있어요.

☑ 똑똑하게 활용하기 4

'연습문제 1'을 풀어보고 채점을 해보아요. 60점이 안 된다
면 문제집은 접어두고 익힘책으로 다시 공부해요.

☑ 똑똑하게 활용하기 5

틀린 문제들만 따로 풀어보아요. 부족한 부분을 진단
하고 확인하는 게 문제 풀이의 핵심이에요.

★ 한자능력검정시험은?

사단법인 한국어문회에서 주관하고 한국한자능력검정회가 시행하는 한자활용능력시험을 말해요. 1992년 12월 9일 1회 시험을 시작으로 2001년 1월 1일 이후 국가 공인자격시험(3급 II ~ 특급)으로 치러지고 있어요.

시험에 합격하면 학교 내신에 반영된답니다. 2000학년부터는 3급과 2급 합격자를 대상으로 일부 대학에서 특기자 전형 신입생을 선발하고 있어요.

시험 응시와 관련한 자세한 사항은 한국어문회 홈페이지(www.hanja.re.kr)를 참조하세요.

★ 급수별 배정한자 수와 수준

8급 ~ 4급은 교육급수이고, 3급 II ~ 특급은 공인급수에요. 초등학생은 4급, 중·고등학생은 3급, 대학생은 1급을 목표로 하는 게 좋겠죠?

급수	읽기	쓰기	수준
8급	50	–	한자 학습 동기 부여를 위한 급수
7급 II	100	–	기초 상용한자 활용의 초급 단계
7급	150	–	기초 상용한자 활용의 초급 단계
6급 II	225	50	기초 상용한자 활용의 중급 단계
6급	300	150	기초 상용한자 활용의 고급 단계
5급 II	400	225	중급 상용한자 활용의 초급 단계
5급	500	300	중급 상용한자 활용의 초급 단계
4급 II	750	400	중급 상용한자 활용의 중급 단계
4급	1,000	500	중급 상용한자 활용의 고급 단계
3급 II	1,500	750	고급 상용한자 활용의 초급 단계
3급	1,817	1,000	고급 상용한자 활용의 중급 단계(교육부 1,800자 모두 포함)
2급	2,355	1,817	상용한자의 활용은 물론 인명지명용 기초한자 활용 단계 (상용한자+인명지명용 한자 도합 2,355자)

1급	3,500	2,005	국한혼용 고전을 불편 없이 읽고, 연구할 수 있는 수준 초급 (상용한자+준상용한자 도합 3,500자)
특급II	4,918	2,355	국한혼용 고전을 불편 없이 읽고, 연구할 수 있는 수준 중급 (KSX1001 한자 4,888자 포함)
특급	5,978	3,500	국한혼용 고전을 불편 없이 읽고, 연구할 수 있는 수준 고급 (한중 고전 추출한자 도합 5,978자)

★ 급수별 세부사항

교육급수		8급	7급II	7급	6급II	6급	5급II	5급	4급II	4급
배정한자	한자 수	50	100	150	225	300	400	500	750	1,000
	신규	50	50	50	75	75	100	100	250	250
	쓰기	–	–	–	50	150	225	300	400	500
출제문항		50	60	70	80	90	100			
합격기준		35	42	49	56	63	70			
시험시간		50분								

공인급수		3급II	3급	2급	1급	특급II	특급
배정한자	한자 수	1,500	1,817	2,355	3,500	4,918	5,978
	신규	500	317	538	1,145	1,418	1,060
	쓰기	750	1,000	1,817	2,005	2,355	3,500
출제문항		150	150	150	200	200	200
합격기준		105	105	105	160	160	160
시험시간		60분			90분	100분	

＊ 상위급수 한자는 모두 하위급수 한자를 포함하고 있으며, 쓰기배정 한자는 한두 급수 아래의 읽기 배정한자를 기본으로 해요.

★ 출제기준 살펴보기

☑ **독음(讀音)**

한자의 소리를 묻는 문제. 두음법칙, 속음현상, 장단음과도 관련이 있어요.

☑ **훈음(訓音)**

한자의 뜻과 소리를 동시에 묻는 문제. 특히 대표훈음을 익혀야 해요.

☑ **장단음(長短音)**

한자 단어의 첫소리 발음이 길고 짧음을 구분하고 있는가를 묻는 문제. 4급 이상에서만 출제돼요.

☑ **반의어(反意語)·상대어(相對語)**

어떤 글자(단어)와 반대 또는 상대되는 글자(단어)를 알고 있는가를 묻는 문제

☑ **성어(成語)**

고사성어나 단어의 빈칸을 채우도록 하여 단어와 성어의 이해력 및 조어력을 묻는 문제

☑ **부수(部首)**

한자의 부수를 묻는 문제. 부수는 한자의 뜻을 짐작할 수 있는 중요한 부분이에요. 4급Ⅱ 이상에서만 출제돼요.

☑ **동의어(同意語)·유의어(類義語)**

어떤 글자(단어)와 뜻이 같거나 유사한 글자(단어)를 알고 있는가를 묻는 문제

☑ **동음이의어(同音異義語)**

소리는 같고, 뜻은 다른 단어를 알고 있는가를 묻는 문제. 6급 이상에서만 출제돼요.

☑ **뜻풀이**

고사성어나 단어의 뜻을 제대로 알고 있는가를 묻는 문제

☑ **약자(略字)**

한자의 획을 줄여서 만든 약자를 알고 있는가를 묻는 문제. 5급Ⅱ 이상에서만 출제돼요.

☑ **한자 쓰기**

제시된 뜻, 소리, 단어 등에 해당하는 한자를 쓸 수 있는가를 확인하는 문제. 6급Ⅱ 이상에서만 출제돼요.

☑ **필순(筆順)**

한 획 한 획의 쓰는 순서를 알고 있는가를 묻는 문제. 글자를 바르게 쓰기 위해 필요해요.

구분	8급	7급II	7급	6급II	6급	5급II	5급	4급II	4급	3급II	3급
독음	24	22	32	32	33	35	35	35	32	45	45
훈음	24	30	30	29	22	23	23	22	22	27	27
장단음	0	0	0	0	0	0	0	0	3	5	5
반의어(상대어)	0	2	2	2	3	3	3	3	3	10	10
동의어(유의어)	0	0	0	0	2	3	3	3	3	5	5
완성형(성어)	0	2	2	2	3	4	4	5	5	10	10
부수	0	0	0	0	0	0	0	3	3	5	5
동음이의어	0	0	0	0	2	3	3	3	3	5	5
뜻풀이	0	2	2	2	2	3	3	3	3	5	5
약자	0	0	0	0	0	3	3	3	3	3	3
한자쓰기	0	0	0	10	20	20	20	20	20	30	30
필순	2	2	2	3	3	3	3	0	0	0	0
출제문항(계)	50	60	70	80	90	100	100	100	100	150	150

★ 그밖의 한자 급수시험

한국어문회 외에도 대한검정회, 한자교육진흥회, 상공회의소에서도 한자 급수시험을 주최하고 있어요. 응시정보는 홈페이지에서 확인할 수 있어요.

주최기관	홈페이지	시험문항	합격기준	특징
대한검정회	www.hanja.ne.kr	8급 30자 25문제 7급 50자 25문제 6급 70자 50문제	70점 이상	8급~준5급까지는 객관식만 있어요. 6급까지는 뜻과 음만 알면 풀 수 있는 문제로 구성되어 있지요.
한자교육진흥회	web.hanja114.org	8급 50자 50문제 7급 120자 50문제 6급 170자 80문제	60점 이상	8~7급은 음과 뜻 맞추기 문제로 출제되며, 쓰기 문제는 6급부터 있어요.
상공회의소	license.korcham.net	9급 50자 30문제 8급 100자 50문제 7급 150자 70문제	60점 이상	9급은 한자의 음과 뜻을 묻는 문제로만 되어 있어요. 7급부터 뜻풀이, 빈칸 채우기가 출제됩니다.

유형1 **한자의 음 쓰기**
한자를 제대로 읽을 수 있는지 확인하는 유형입니다. 전체 50문항 중 10문항

문제 1-10 다음의 글을 읽고 ( ) 안 한자의 독음(讀音:읽는 소리)을 쓰세요.

보기

漢 → 한

1 엄마는 생일에 장미꽃 (萬)송이를 받았습니다.

2 내 (生)일은 구월 십팔일입니다.

3 주차장에는 (外)제 차가 많았습니다.

4 우리집은 아파트 (八)층입니다.

5 옆집 아주머니는 아기의 돌이라며 (白)설기를 나누어
  주셨습니다.

6 여름 방학에는 (南)해에 계신 할머니 댁에 갈 거예요.

7 (先)생님께서 조회를 하십니다.

8 아버지는 (土)요일이면 등산을 가십니다.

9 오늘 (中)으로 이 숙제를 끝내야 합니다.

10 사(寸) 동생이 놀러 왔습니다.

TIP

한자의 음을 알고 있다면 답할 수 있는 문제예요. 단, 단어의 첫머리에서 음이 변하는 경우(女人: 녀인×, 여인○)나 본래 음이 다르게 읽히는 경우(六月: 륙월×, 유월○)를 주의해요.

정답

1 만 2 생 3 외 4 팔 5 백 6 남 7 선 8 토 9 중 10 촌

뜻과 소리에 맞는 한자 찾기
주어진 한자의 훈(訓:뜻)이나 음(音:소리)에 알맞은 한자를 제대로 찾아낼 수 있는지
확인하는 유형입니다. 전체 50문항 중 18문항

문제 11~20 다음 훈(訓:뜻)이나 음(音:소리)에 알맞은 한자를 〈보기〉에서 찾아 그
번호를 쓰세요.

보기

① 年 ② 父 ③ 室 ④ 長 ⑤ 兄 ⑥ 九 ⑦ 萬 ⑧ 山 ⑨ 外 ⑩ 金

11 일만

12 실

13 형

14 바깥

15 장

16 아버지

17 아홉

18 금

19 해

20 산

TIP

훈과 음이 여러 가지인
한자(金: 쇠 금 / 성씨 김)에
주의해요.

문제 21~24 다음 한자의 훈(訓:뜻)을 〈보기〉에서 찾아 그 번호를 쓰세요.

보기

① 군사   ② 성씨   ③ 서녘   ④ 흙

21 西

22 土

23 軍

24 金

다음 한자의 음(音:소리)을 〈보기〉에서 찾아 그 번호를 쓰세요.

보기

① 교 ② 동 ③ 오 ④ 중

25 中

26 敎

27 東

28 五

정답

11 ⑦ 12 ③ 13 ⑤ 14 ⑨ 15 ④ 16 ② 17 ⑥ 18 ⑩ 19 ① 20 ⑧

21 ③ 22 ④ 23 ① 24 ② 25 ④ 26 ① 27 ② 28 ③

유형3 뜻과 소리에 맞는 한자 찾기

한자의 훈(訓:뜻)에 알맞은 한자를 찾아낼 수 있는지 확인하는 유형입니다. 전체 50문항 중 10문항

문제 29~38 다음 밑줄 친 말에 해당하는 한자를 〈보기〉에서 찾아 그 번호를 쓰세요.

보기

① 大 ② 北 ③ 十 ④ 弟 ⑤ 火 ⑥ 國 ⑦ 母 ⑧ 生 ⑨ 月 ⑩ 七

29 달님이 방긋 웃고 있어요.

30 일곱 밤만 자면 방학입니다.

31 건조하고 바람이 많은 날은 불조심을 해야 합니다.

32 지난 밤에 닭이 알을 낳았어요.

33 나의 마음을 가장 잘 이해하는 사람은 어머니입니다.

34 태어난 지 얼마 안 된 동생은 아직 걷지 못합니다.

35 우리 집 햄스터가 새끼를 열 마리나 낳았어요.

36 북쪽에서 부는 바람이 차갑습니다.

37 아빠의 발은 저보다 훨씬 큽니다.

38 오빠는 나라를 지키는 군인이 되고 싶어합니다.

TIP

한자의 뜻을 정확히 아는 건 우리말을 더욱 풍성하게 사용하기 위함이에요.

정답

29 ⑨ 30 ⑩ 31 ⑤ 32 ⑧ 33 ⑦ 34 ④ 35 ③ 36 ② 37 ① 38 ⑥

유형4 한자의 훈과 음 쓰기
한자의 훈(訓:뜻)과 음(音:소리)을 정확하게 알고 있는지 확인하는 유형입니다. 전체 50문항 중 10문항

문제 39-48 다음 한자의 훈(訓:뜻)과 음(音:읽는 소리)을 쓰세요.

보기

漢 → 한나라 한

39 靑
40 王
41 山
42 六
43 校

44 寸

45 土

46 門

47 先

48 人

정답

39 푸를 청 40 임금 왕 41 메/산 산 42 여섯 륙(육) 43 학교 교
44 마디 촌 45 흙 토 46 문 문 47 먼저 선 48 사람 인

유형5 **한자의 쓰는 순서 찾기**
주어진 한자의 필순(筆順:쓰는 순서)을 정확하게 알고 있는지 확인하는 유형입니다.
전체 50문항 중 2문항

문제 49~50 다음 한자의 진하게 표시한 획은 몇 번째 쓰는지 〈보기〉에서 찾아 그 번호를 쓰세요.

보기

① 첫 번째 ② 두 번째 ③ 세 번째 ④ 네 번째 ⑤ 다섯 번째 ⑥ 여섯 번째
⑦ 일곱 번째 ⑧ 여덟 번째 ⑨ 아홉 번째 ⑩ 열 번째 ⑪ 열한 번째

49 年

50 敎

정답

49 ⑥ 50 ⑩

전국한자능력검정시험 8급 연습문제 1

50문항 | 50분 시험

공부한 날 : (   )년 (   )월 (   )일   점수 : (   )점

*한 문제당 2점씩!

문제 1-10 다음의 글을 읽고 (   ) 안 漢字_{한자}의 讀音(독음:읽는 소리)을 쓰세요.

보기

漢 → 한

1   나는 (父)

2   (母)님과

3   지난 (木)요

4   (日)에

5   (南)쪽

6   (山)에 갔습니다.

7   (四)

8   (寸)

9   (女)

10   동(生)도 함께 갔습니다.

문제 11-20 다음 훈(訓:뜻)이나 음(音:소리)에 알맞은 漢字_{한자}를 〈보기〉에서 찾아 그 번호를 쓰세요.

보기

① 年 ② 小 ③ 東 ④ 王 ⑤ 軍
⑥ 民 ⑦ 長 ⑧ 月 ⑨ 外 ⑩ 韓

11   바깥

12   동녘

13   한국/나라

14   년

15   장

16   소

17   월

18   임금

19   군

20   백성

문제 21-30 다음 밑줄 친 말에 해당하는 漢字한자를 〈보기〉에서 찾아 그 번호를 쓰세요.

보기

① 南 ② 母 ③ 靑 ④ 女 ⑤ 木
⑥ 三 ⑦ 白 ⑧ 弟 ⑨ 門 ⑩ 人

21 그 어머니에 그 아들.

22 꼬마보다 세 살 많은 아이가 형이라며 동생을 챙겼습니다.

23 사람 위에 사람 없고 사람 밑에 사람 없다.

24 아직 어린 여동생은 캄캄한 곳을 무서워 합니다.

25 엄마 뱃속에 있는 동생이 어서 나왔으면 좋겠습니다.

26 여름의 바다는 온통 푸른 색입니다.

27 이번 화재로 산에 있는 나무가 너무 많이 사라졌습니다.

28 오래된 집의 나무색 문짝들을 온통 하얗게 칠했습니다.

29 할머니 집 대문은 오래되고 녹슬어서 삐그덕 소리를 냅니다.

30 제주도는 한반도 남쪽에 있는 섬입니다.

문제 31-40 다음 漢字한자의 訓(훈:뜻)과 音(음:읽는 소리)을 쓰세요.

보기

漢 → 한나라 한

31 水
32 北
33 九
34 中
35 先
36 學
37 八
38 萬
39 國
40 教

문제 41-44 다음 漢字_{한자}의 訓(훈:뜻)을 〈보기〉에서 찾아 그 번호를 쓰세요.

보기

① 물 ② 흙 ③ 여덟 ④ 하나

41 一

42 八

43 土

44 水

문제 45-48 다음 漢字_{한자}의 音(음:소리)을 〈보기〉에서 찾아 그 번호를 쓰세요.

보기

① 십 ② 대 ③ 칠 ④ 만

45 七

46 萬

47 大

48 十

문제 49-50 다음 漢字_{한자}의 진하게 표시한 획은 몇 번째 쓰는지 〈보기〉에서 찾아 그 번호를 쓰세요.

보기

① 첫 번째 ② 두 번째 ③ 세 번째
④ 네 번째 ⑤ 다섯 번째 ⑥ 여섯 번째
⑦ 일곱 번째 ⑧ 여덟 번째
⑨ 아홉 번째 ⑩ 열 번째

49

50

전국한자능력검정시험 8급 연습문제 2

50문항 | 50분 시험

공부한 날 : ( )년 ( )월 ( )일   점수 : ( )점

문제 1-10 다음의 글을 읽고 ( )안 漢字한자의 讀音(독음:읽는 소리)을 쓰세요.

보기
漢 → 한

1 (四)월

2 (五)일은

3 식목(日)입니다.

4 묘(木) 심기를 위해

5 학(校) 운동장에

6 전교(生)이 모입니다.

7 (學)생들은

8 (先)생님들의 지도에 따라

9 학(年)별로

10 교(室)을 나옵니다.

문제 11-20 다음 훈(訓:뜻)이나 음(音:소리)에 알맞은 漢字한자를 〈보기〉에서 찾아 그 번호를 쓰세요.

보기
① 山 ② 寸 ③ 北 ④ 長 ⑤ 外
⑥ 中 ⑦ 韓 ⑧ 萬 ⑨ 軍 ⑩ 靑

11 바깥

12 북녘

13 마디

14 산

15 한국/나라

16 길다

17 일만

18 푸르다

19 가운데

20 군사

문제 21-30 다음 밑줄 친 말에 해당하는 漢字한자를 〈보기〉에서 찾아 그 번호를 쓰세요.

21 형은 매일 키가 작다고 나를 놀립니다.

22 울창한 숲이 많은 나라가 있었습니다.

23 임금님의 귀는 당나귀 귀처럼 커져갔습니다.

24 밤새 커다란 우박이 떨어졌습니다.

25 햇빛에 금붙이가 반짝였습니다.

26 서쪽으로 해가 집니다.

27 깊은 산속 옹달샘 누가 와서 먹나요~

28 광장 한가운데 분수가 시원하게 물을 뿜고 있습니다.

29 물속을 들여다보니 푸른 빛이 돕니다.

30 나만의 비밀 쪽지를 나무 아래 숨겨 놓았습니다.

문제 31-40 다음 漢字한자의 訓(훈:뜻)과 音(음:읽는 소리)을 쓰세요.

보기

漢 → 한나라 한

31 韓
32 十
33 南
34 九
35 女
36 敎
37 民
38 北
39 長
40 室

문제 41-44 다음 漢字한자의 訓(훈:뜻)을 〈보기〉에서 찾아 그 번호를 쓰세요.

보기

① 여섯 ② 동쪽 ③ 군사 ④ 가운데

41 中

42 軍

43 六

44 東

문제 45-48 다음 漢字한자의 音(음:소리)을 〈보기〉에서 찾아 그 번호를 쓰세요.

보기

① 삼 ② 교 ③ 팔 ④ 민

45 民

46 八

47 三

48 校

문제 49-50 다음 漢字한자의 진하게 표시한 획은 몇 번째 쓰는지 〈보기〉에서 찾아 그 번호를 쓰세요.

보기

① 첫 번째 ② 두 번째 ③ 세 번째
④ 네 번째 ⑤ 다섯 번째 ⑥ 여섯 번째
⑦ 일곱 번째 ⑧ 여덟 번째

49

50 民

전국한자능력검정시험 8급 연습문제 3

50문항 | 50분 시험

공부한 날 : (   )년 (   )월 (   )일   점수 : (   )점

*한 문제당 2점씩!

문제 1-10 다음의 글을 읽고 ( ) 안 漢字한자의 讀音(독음:읽는 소리)을 쓰세요.

보기

漢 → 한

1 설날 우리 (兄)

2 (弟)는

3 (父)

4 (母)님과 함께 할아버지 댁에 다녀왔습니다.

5 (二)

6 (學)

7 (年)

8 (五)반

9 (敎)

10 (室)에 새로운 친구가 전학을 왔습니다.

문제 11-20 다음 훈(訓:뜻)이나 음(音:소리)에 알맞은 漢字한자를 〈보기〉에서 찾아 그 번호를 쓰세요.

보기

① 山 ② 寸 ③ 北 ④ 長 ⑤ 外
⑥ 中 ⑦ 韓 ⑧ 萬 ⑨ 軍 ⑩ 靑

11 바깥

12 북녘

13 마디

14 산

15 한국/나라

16 길다

17 만

18 푸르다

19 가운데

20 군

다음 밑줄 친 말에 해당하는 漢字한자를 〈보기〉에서 찾아 그 번호를 쓰세요.

보기

① 長 ② 大 ③ 木 ④ 二 ⑤ 中
⑥ 小 ⑦ 白 ⑧ 日 ⑨ 靑 ⑩ 水

21 식구들 가운데에 자리를 잡은 동생입니다.

22 붉은 해가 떠올랐습니다.

23 머리 위로 흰 구름이 두둥실 떠다닙니다.

24 형은 또래보다 머리 하나가 더 큽니다.

25 우리 마을에는 작은 연못이 있습니다.

26 여름이 되자 나무들이 초록으로 물들었습니다.

27 푸른 강물 위로 거위 떼가 지나갑니다.

28 물 속으로 머리를 넣었다 빼며 먹이를 찾는 모습입니다.

29 강을 잇는 길고 튼튼한 다리가 있습니다.

30 나는 이모가 둘이나 있습니다.

문제 31-40 다음 漢字한자의 訓(훈:뜻)과 音(음:읽는 소리)을 쓰세요.

보기

漢 → 한나라 한

31 南

32 王

33 七

34 年

35 軍

36 兄

37 八

38 室

39 萬

40 外

문제 41-44 다음 漢字한자의 訓(훈:뜻)을 〈보기〉에서 찾아 그 번호를 쓰세요.

보기

① 집 ② 흙 ③ 군사 ④ 크다

41 土

42 大

43 室

44 軍

문제 45-48 다음 漢字한자의 音(음:소리)을 〈보기〉에서 찾아 그 번호를 쓰세요.

보기

① 남 ② 학 ③ 선 ④ 년

45 先

46 年

47 南

48 學

문제 49-50 다음 漢字한자의 진하게 표시한 획은 몇 번째 쓰는지 〈보기〉에서 찾아 그 번호를 쓰세요.

보기

① 첫 번째 ② 두 번째 ③ 세 번째
④ 네 번째 ⑤ 다섯 번째 ⑥ 여섯 번째
⑦ 일곱 번째 ⑧ 여덟 번째
⑨ 아홉 번째 ⑩ 열 번째

49

50

21

50문항 | 50분 시험

공부한 날 : ( )년 ( )월 ( )일 점수 : ( )점

*한 문제당 2점씩!

문제 1-10 다음의 글을 읽고 ( ) 안 漢字한자의 讀音(독음:읽는 소리)을 쓰세요.

보기

漢 → 한

1 다음 주 (水)요일은

2 (學)

3 (父)

4 (母) 공개수업이 있는 날입니다.

5 (校)

6 (長) 선생님께서

7 (先)생님과

8 학(生)들이 있는

9 (敎)

10 (室)로 안내하셨습니다.

문제 11-20 다음 훈(訓:뜻)이나 음(音:소리)에 알맞은 漢字한자를 〈보기〉에서 찾아 그 번호를 쓰세요.

보기

① 外 ② 寸 ③ 土 ④ 先 ⑤ 韓
⑥ 中 ⑦ 六 ⑧ 北 ⑨ 萬 ⑩ 長

11 마디

12 가운데

13 선

14 만

15 바깥

16 여섯

17 흙

18 길다

19 한

20 북

문제 21-30 다음 밑줄 친 말에 해당하는 漢字한자를 〈보기〉에서 찾아 그 번호를 쓰세요.

보기

① 日 ② 山 ③ 國 ④ 水 ⑤ 長
⑥ 金 ⑦ 木 ⑧ 三 ⑨ 南 ⑩ 先

21 우리 반에는 성이 김 씨인 친구들이 많습니다.

22 우리 반은 여학생이 남학생보다 세 명 더 많습니다.

23 친구보다 제가 먼저 도착했습니다.

24 남쪽에서부터 먹색 구름이 몰려오고 있습니다.

25 떠나온 나라로 돌아가는 사람들이 늘어났습니다.

26 산을 끼고 흐르는 강물이 절경을 이루었습니다.

27 수영을 못하는 나는 물이 무섭습니다.

28 커다란 나무 아래서 비를 피하고 있습니다.

29 날이 밝아지자 배가 고파왔습니다.

30 우리는 긴 여행을 시작했습니다.

문제 31-40 다음 漢字한자의 訓(훈:뜻)과 音(음:읽는 소리)을 쓰세요.

보기

漢 → 한나라 한

31 女
32 民
33 七
34 王
35 山
36 校
37 軍
38 五
39 白
40 生

문제 41-44 다음 漢字한자의 訓(훈:뜻)을 〈보기〉에서 찾아 그 번호를 쓰세요.

보기
① 낳다 ② 사람 ③ 작다 ④ 푸르다

41 靑

42 生

43 人

44 小

문제 45-48 다음 漢字한자의 音(음:소리)을 〈보기〉에서 찾아 그 번호를 쓰세요.

보기
① 문 ② 교 ③ 동 ④ 일

45 東

46 門

47 一

48 敎

문제 49-50 다음 漢字한자의 진하게 표시한 획은 몇 번째 쓰는지 〈보기〉에서 찾아 그 번호를 쓰세요.

보기
① 첫 번째 ② 두 번째 ③ 세 번째
④ 네 번째 ⑤ 다섯 번째 ⑥ 여섯 번째
⑦ 일곱 번째 ⑧ 여덟 번째

49  金

50 白

전국한자능력검정시험 8급 연습문제 5

50문항 | 50분 시험

공부한 날 : (   )년 (   )월 (   )일   점수 : (   )점

＊한 문제당 2점씩!

문제 1-10 다음의 글을 읽고 (   ) 안 漢字한자의 讀音(독음:읽는 소리)을 쓰세요.

보기

漢 → 한

1 (東)

2 (西)

3 (南)

4 (三)면이 바다로 둘러싸인

5 (大)

6 (韓)

7 (民)

8 (國)은

9 아름다운 강(山)과

10 (生)동감 넘치는 사람들로 유명
    합니다.

문제 11-20 다음 훈(訓:뜻)이나 음(音: 소리)에 알맞은 漢字한자를 〈보기〉에서 찾아 그 번호를 쓰세요.

보기

① 五 ② 水 ③ 民 ④ 土 ⑤ 生
⑥ 六 ⑦ 萬 ⑧ 寸 ⑨ 先 ⑩ 室

11 수

12 육

13 실

14 토

15 다섯

16 일만

17 촌

18 생

19 먼저

20 민

문제 21-30 다음 밑줄 친 말에 해당하는 漢字한자를 〈보기〉에서 찾아 그 번호를 쓰세요.

보기

① 學 ② 大 ③ 生 ④ 二 ⑤ 教
⑥ 年 ⑦ 白 ⑧ 月 ⑨ 軍 ⑩ 先

21 미국에 있는 삼촌은 해마다 선물을 보내주십니다.

22 그렇게 큰 곰은 본 적이 없습니다.

23 새끼를 낳은 어미 개는 지쳐 보였습니다.

24 이모에게 피아노를 배우고 있습니다.

25 이번 보름달은 유난히 밝습니다.

26 둘씩 짝을 지어봅니다.

27 저 멀리 하얀 두루마기를 입고 오시는 할아버지가 보입니다.

28 먼저 태어난 쌍둥이 언니는 나보다 작습니다.

29 군사들을 지휘하는 장군이 멋있어 보입니다.

30 어머니는 아이들에게 영어를 가르칩니다.

문제 31-40 다음 漢字한자의 訓(훈:뜻)과 音(음:읽는 소리)을 쓰세요.

보기

漢 → 한나라 한

31 校
32 年
33 生
34 學
35 小
36 九
37 火
38 北
39 十
40 八

문제 41-44 다음 漢字한자의 訓(훈:뜻)을 〈보기〉에서 찾아 그 번호를 쓰세요.

보기
① 가르치다 ② 산 ③ 여섯 ④ 쇠

41 六

42 敎

43 山

44 金

문제 45-48 다음 漢字한자의 音(음:소리)을 〈보기〉에서 찾아 그 번호를 쓰세요.

보기
① 대 ② 팔 ③ 군 ④ 녀

45 軍

46 大

47 八

48 女

문제 49-50 다음 漢字한자의 진하게 표시한 획은 몇 번째 쓰는지 〈보기〉에서 찾아 그 번호를 쓰세요.

보기
① 첫 번째 ② 두 번째 ③ 세 번째
④ 네 번째 ⑤ 다섯 번째 ⑥ 여섯 번째
⑦ 일곱 번째 ⑧ 여덟 번째
⑨ 아홉 번째

49

50

문제 1-10 다음의 글을 읽고 ( ) 안 漢字한자의 讀音(독음:읽는 소리)을 쓰세요.

보기

漢 → 한

1 (韓)

2 (國)의

3 (東)쪽에는

4 (日)본이 있고,

5 (西)쪽에는

6 (中)국이 있으며,

7 (北)쪽에는

8 같은 (民)족이 삽니다.

9 (兄)

10 (弟)처럼 지냅니다.

문제 11-20 다음 훈(訓:뜻)이나 음(音: 소리)에 알맞은 漢字한자를 〈보기〉에서 찾아 그 번호를 쓰세요.

보기

① 三 ② 七 ③ 寸 ④ 校 ⑤ 四
⑥ 南 ⑦ 軍 ⑧ 女 ⑨ 金 ⑩ 九

11 구

12 학교

13 일곱

14 남

15 마디

16 넷

17 군사

18 여자

19 쇠

20 삼

문제 21-30 다음 밑줄 친 말에 해당하는 漢字한자를 〈보기〉에서 찾아 그 번호를 쓰세요.

보기

① 東 ② 室 ③ 五 ④ 兄 ⑤ 人
⑥ 萬 ⑦ 日 ⑧ 弟 ⑨ 外 ⑩ 靑

21 말썽꾸러기 동생도 형의 말은 잘 따릅니다.

22 우리 방은 해가 잘 듭니다.

23 눈이 많이 와서 밖에 나갈 수가 없습니다.

24 동쪽에서 빛이 떠올랐습니다.

25 우리 강아지는 다섯 살이 되었습니다.

26 동생이 먼저 달리기 시작했습니다.

27 세뱃돈으로 만 원을 받았습니다.

28 푸른 하늘이 거뭇해지자 아이들이 집으로 돌아갔습니다.

29 모여 있던 사람들이 그제서야 흩어졌습니다.

30 우리는 집으로 향했습니다.

문제 31-40 다음 漢字한자의 訓(훈:뜻)과 音(음:읽는 소리)을 쓰세요.

보기

漢 → 한나라 한

31 小

32 軍

33 王

34 萬

35 火

36 南

37 金

38 白

39 兄

40 北

문제 41-44 다음 漢字한자의 訓(훈:뜻)
을 〈보기〉에서 찾아 그 번호를 쓰세
요.

보기

① 바깥 ② 나라 ③ 하얗다 ④ 길다

41 長

42 外

43 國

44 白

문제 45-48 다음 漢字한자의 곱(음:소
리)을 〈보기〉에서 찾아 그 번호를 쓰
세요.

보기

① 부 ② 토 ③ 수 ④ 실

45 水

46 土

47 室

48 父

문제 49-50 다음 漢字한자의 진하게
표시한 획은 몇 번째 쓰는지 〈보기〉에서
찾아 그 번호를 쓰세요.

보기

① 첫 번째 ② 두 번째 ③ 세 번째
④ 네 번째 ⑤ 다섯 번째 ⑥ 여섯 번째
⑦ 일곱 번째 ⑧ 여덟 번째
⑨ 아홉 번째 ⑩ 열 번째 ⑪ 열한 번째
⑫ 열두 번째 ⑬ 열세 번째

49 母

50 萬

문제 1-10 다음의 글을 읽고 ( ) 안 漢字한자의 讀音(독음:읽는 소리)을 쓰세요.

보기
漢 → 한

1 (三)

2 (月)부터 우리는

3 (學)

4 (校)에 갔습니다.

5 (二)학

6 (年)

7 (教)

8 (室)에서

9 친구들과 (先)

10 (生)님을 만났습니다.

문제 11-20 다음 훈(訓:뜻)이나 음(音:소리)에 알맞은 漢字한자를 〈보기〉에서 찾아 그 번호를 쓰세요.

보기
① 韓 ② 長 ③ 年 ④ 軍 ⑤ 月
⑥ 王 ⑦ 外 ⑧ 小 ⑨ 南 ⑩ 民

11 년

12 소

13 군

14 바깥

15 한국

16 임금

17 월

18 장

19 남녘

20 백성

문제 21-30 다음 밑줄 친 말에 해당하는 漢字한자를 〈보기〉에서 찾아 그 번호를 쓰세요.

보기

① 長 ② 大 ③ 火 ④ 門 ⑤ 外
⑥ 兄 ⑦ 白 ⑧ 母 ⑨ 靑 ⑩ 國

21 불조심을 합시다.

22 흰 종이에 그림을 그립니다.

23 어머니께서 좋아하십니다.

24 형이 빠르게 뛰어갑니다.

25 거인들이 사는 집은 매우 큽니다.

26 여러 나라 사람들이 모였습니다.

27 문을 힘껏 열고 들어갔습니다.

28 바깥 바람이 차갑습니다.

29 푸른 나무는 잘 자랍니다.

30 길고 짧은 건 대보면 압니다.

문제 31-40 다음 漢字한자의 訓(훈:뜻)과 音(음:읽는 소리)을 쓰세요.

보기

漢 → 한나라 한

31 八

32 國

33 先

34 敎

35 大

36 中

37 外

38 西

39 九

40 弟

문제 41-44 다음 漢字한자의 訓(훈:뜻)을 〈보기〉에서 찾아 그 번호를 쓰세요.

보기

① 다섯 ② 나무 ③ 달 ④ 일곱

41 月

42 木

43 七

44 五

문제 45-48 다음 漢字한자의 音(음:소리)을 〈보기〉에서 찾아 그 번호를 쓰세요.

보기

① 선 ② 장 ③ 화 ④ 일

45 火

46 長

47 先

48 日

문제 49-50 다음 漢字한자의 진하게 표시한 획은 몇 번째 쓰는지 〈보기〉에서 찾아 그 번호를 쓰세요.

보기

① 첫 번째 ② 두 번째 ③ 세 번째
④ 네 번째 ⑤ 다섯 번째 ⑥ 여섯 번째
⑦ 일곱 번째 ⑧ 여덟 번째

49

50

전국한자능력검정시험 8급 연습문제 8

50문항 | 50분 시험

공부한 날 : (   )년 (   )월 (   )일   점수 : (   )점

＊한 문제당 2점씩!

문제 1-10 다음의 글을 읽고 (   ) 안 漢字한자의 讀音(독음:읽는 소리)을 쓰세요.

보기

漢 → 한

1   우리 (學)

2   (校)에 새로 오신

3   (外)

4   (國)

5   (人)

6   (先)

7   (生)님이

8   (敎)

9   (室)

10 (門)을 열고 들어오셨습니다.

문제 11-20 다음 훈(訓:뜻)이나 음(音:소리)에 알맞은 漢字한자를 〈보기〉에서 찾아 그 번호를 쓰세요.

보기

① 王 ② 兄 ③ 女 ④ 小 ⑤ 長
⑥ 十 ⑦ 外 ⑧ 五 ⑨ 中 ⑩ 寸

11 작다

12 외

13 길다

14 열

15 왕

16 형

17 여자

18 오

19 가운데

20 촌

문제 21-30 다음 밑줄 친 말에 해당하는 漢字한자를 〈보기〉에서 찾아 그 번호를 쓰세요.

보기

① 民 ② 寸 ③ 先 ④ 父 ⑤ 白
⑥ 東 ⑦ 日 ⑧ 弟 ⑨ 門 ⑩ 長

21 동쪽에서 붉은 해가 솟아오릅니다.

22 할머니의 긴 이야기가 시작되었습니다.

23 아버지의 손가락은 마디가 굵습니다.

24 떠오르는 해를 보았습니다.

25 꼬마는 문을 빼곰 열고는 고개를 기울입니다.

26 아버지는 해외로 출장 가셨습니다.

27 자기 전에 먼저 양치를 합니다.

28 수많은 백성들이 성을 구했습니다.

29 동생과 나를 보고 닮았다고 합니다.

30 아저씨는 하얀 이를 드러내며 미소지었습니다.

문제 31-40 다음 漢字한자의 訓(훈:뜻)과 音(음:읽는 소리)을 쓰세요.

보기

漢 → 한나라 한

31 寸
32 靑
33 長
34 外
35 南
36 韓
37 萬
38 中
39 山
40 軍

문제 41-44 다음 漢字_{한자}의 訓(훈:뜻)을 〈보기〉에서 찾아 그 번호를 쓰세요.

보기

① 백성 ② 어머니 ③ 서녘 ④ 아홉

41 民

42 九

43 母

44 西

문제 45-48 다음 漢字_{한자}의 픕(음:소리)을 〈보기〉에서 찾아 그 번호를 쓰세요.

보기

① 동 ② 년 ③ 생 ④ 목

45 木

46 年

47 東

48 生

문제 49-50 다음 漢字_{한자}의 진하게 표시한 획은 몇 번째 쓰는지 〈보기〉에서 찾아 그 번호를 쓰세요.

보기

① 첫 번째 ② 두 번째 ③ 세 번째
④ 네 번째 ⑤ 다섯 번째 ⑥ 여섯 번째
⑦ 일곱 번째 ⑧ 여덟 번째

49 門

50 西

50문항 | 50분 시험

공부한 날 : (   )년 (   )월 (   )일   점수 : (   )점

＊한 문제당 2점씩!

문제 1-10 다음의 글을 읽고 (   ) 안 漢字한자의 讀音(독음:읽는 소리)을 쓰세요.

보기

漢 → 한

1   이번 주말에 우리 (兄)

2   (弟)는

3   (父)

4   (母)님과 함께 외갓댁에 갔습니다.

5   (外)

6   (三)촌과

7   (四)

8   (寸)

9   (女)동생이

10 (門) 앞에서 기다리고 있었습니다.

문제 11-20 다음 훈(訓:뜻)이나 음(音:소리)에 알맞은 漢字한자를 〈보기〉에서 찾아 그 번호를 쓰세요.

보기

① 八 ② 土 ③ 弟 ④ 門 ⑤ 母
⑥ 西 ⑦ 日 ⑧ 父 ⑨ 小 ⑩ 人

11 토

12 동생

13 일

14 서녘

15 아버지

16 사람

17 모

18 소

19 문

20 여덟

다음 밑줄 친 말에 해당하는 漢字한자를 〈보기〉에서 찾아 그 번호를 쓰세요.

보기
① 青 ② 日 ③ 中 ④ 室 ⑤ 白
⑥ 東 ⑦ 門 ⑧ 南 ⑨ 小 ⑩ 長

21 동쪽 하늘에 별들이 쏟아질 듯 많습니다.

22 산등성이 너머 붉은 해가 보입니다.

23 남쪽 바다를 가 보고 싶습니다.

24 창문으로 시원한 바람이 불어옵니다.

25 언니는 푸른 색을 좋아합니다.

26 아기의 하얀 피부가 매끄러워 보입니다.

27 거실 가운데 누웠습니다.

28 우리집에는 식물이 많습니다.

29 그 개는 작은 덩치와는 다르게 목소리가 큽니다.

30 꼬리가 긴 원숭이를 보았습니다.

문제 31-40 다음 漢字한자의 訓(훈:뜻)과 音(음:읽는 소리)을 쓰세요.

보기
漢 → 한나라 한

31 六
32 年
33 火
34 五
35 軍
36 水
37 七
38 金
39 北
40 人

문제 41-44 다음 漢字_{한자}의 訓(훈:뜻)을 〈보기〉에서 찾아 그 번호를 쓰세요.

보기

① 가르치다 ② 집 ③ 배우다 ④ 낳다

41 學

42 室

43 教

44 生

문제 45-48 다음 漢字_{한자}의 音(음:소리)을 〈보기〉에서 찾아 그 번호를 쓰세요.

보기

① 서 ② 만 ③ 녀 ④ 십

45 西

46 女

47 萬

48 十

문제 49-50 다음 漢字_{한자}의 진하게 표시한 획은 몇 번째 쓰는지 〈보기〉에서 찾아 그 번호를 쓰세요.

보기

① 첫 번째 ② 두 번째 ③ 세 번째
④ 네 번째

49

50

전국한자능력검정시험 8급 연습문제 10

50문항 | 50분 시험

공부한 날 : (   )년 (   )월 (   )일   점수 : (   )점

*한 문제당 2점씩!

문제 1-10 다음의 글을 읽고 (   )안 漢字한자의 讀音(독음:읽는 소리)을 쓰세요.

보기
漢 → 한

1 (十)

2 (二)

3 (月)

4 이십(五) 일

5 (金)요일은

6 (女)동생과

7 (敎)회에 갔고

8 (三)십 일일

9 (木)요일은

10 (兄)과 놀았습니다.

문제 11-20 다음 훈(訓:뜻)이나 음(音:소리)에 알맞은 漢字한자를 〈보기〉에서 찾아 그 번호를 쓰세요.

보기
① 七 ② 王 ③ 北 ④ 韓 ⑤ 母
⑥ 八 ⑦ 火 ⑧ 土 ⑨ 民 ⑩ 四

11 화

12 백성

13 칠

14 한

15 흙

16 넷

17 왕

18 여덟

19 모

20 북

문제 21-30 다음 밑줄 친 말에 해당하는 漢字한자를 〈보기〉에서 찾아 그 번호를 쓰세요.

보기

① 七 ② 人 ③ 白 ④ 年 ⑤ 長
⑥ 西 ⑦ 水 ⑧ 中 ⑨ 外 ⑩ 軍

21 무지개는 일곱 가지 색을 띱니다.

22 아버지는 군인입니다.

23 현관에 긴 우산을 세워 놓았습니다.

24 문 바깥에 고양이가 누워 있습니다.

25 마트에는 사람이 많습니다.

26 흰 눈이 조용히 내립니다.

27 도넛의 가운데가 뚫려 있습니다.

28 나는 올해 초등학생이 됩니다.

29 냉장고에서 시원한 물을 꺼냈습니다.

30 서쪽으로 해가 집니다.

문제 31-40 다음 漢字한자의 訓(훈:뜻)과 音(음:읽는 소리)을 쓰세요.

보기

漢 → 한나라 한

31 金
32 一
33 敎
34 西
35 生
36 六
37 萬
38 東
39 學
40 年

문제 41-44 다음 漢字한자의 訓(훈:뜻)을 〈보기〉에서 찾아 그 번호를 쓰세요.

보기

① 큰 ② 물 ③ 달 ④ 바깥

41 水

42 大

43 外

44 月

문제 45-48 다음 漢字한자의 音(음:소리)을 〈보기〉에서 찾아 그 번호를 쓰세요.

보기

① 금 ② 생 ③ 오 ④ 화

45 火

46 生

47 五

48 金

문제 49-50 다음 漢字한자의 진하게 표시한 획은 몇 번째 쓰는지 〈보기〉에서 찾아 그 번호를 쓰세요.

보기

① 첫 번째 ② 두 번째 ③ 세 번째
④ 네 번째 ⑤ 다섯 번째 ⑥ 여섯 번째
⑦ 일곱 번째 ⑧ 여덟 번째
⑨ 아홉 번째

49

50

전국한자능력검정시험 8급 모의고사 제1회

50문항 | 50분 시험 | 시험일자 : 202○.○○.○○

＊성명과 수험번호를 쓰고 문제지와 답안지는 함께 제출하세요

성명 (   ) 수험번호 ☐☐☐-☐☐-☐☐☐☐

문제 1-10 다음의 글을 읽고 ( ) 안 漢字한자의 讀音(독음:읽는 소리)을 쓰세요.

보기

漢 → 한

1 초등학교에 입(學)한 첫 날

2 (敎)실에서 선생님을 처음 만났습니다.

3 아버지는 (七)일간 출장을 가십니다.

4 우리 가족은 (土)요일이면 등산을 갑니다.

5 이번 주말에 사(寸) 동생과 놀이공원에 가기로 했습니다.

6 (東)쪽 하늘에 해가 떠오르고 있습니다.

7 올해 운동회에서는 (靑)팀이 우승했습니다.

8 우리 학교 (四)학년은

9 남학생이 (女)학생보다 많습니다.

10 오빠는 내년에 (中)학생이 됩니다.

문제 11-20 다음 훈(訓:뜻)이나 음(音:소리)에 알맞은 漢字한자를 〈보기〉에서 찾아 그 번호를 쓰세요.

보기

① 弟 ② 中 ③ 國 ④ 校 ⑤ 學
⑥ 軍 ⑦ 門 ⑧ 西 ⑨ 室 ⑩ 月

11 서녘

12 학교

13 학

14 동생

15 문

16 실

17 달

18 군사

19 가운데

20 국

문제 21-30 다음 밑줄 친 말에 해당하는 漢字_{한자}를 〈보기〉에서 찾아 그 번호를 쓰세요.

보기

① 父 ② 火 ③ 木 ④ 大 ⑤ 人
⑥ 萬 ⑦ 年 ⑧ 母 ⑨ 女 ⑩ 長

21 오빠는 반에서 키가 제일 큽니다.

22 학교 나무 밑에서 친구를 기다립니다.

23 불을 조심해야 합니다.

24 아버지는 멋집니다.

25 사람들이 모여 있습니다.

26 만 명이 입장 가능한 경기장입니다.

27 해가 바뀌어 1월입니다.

28 어머니의 품은 따뜻합니다.

29 대기 줄이 길어서 그냥 돌아왔습니다.

30 나는 여자 형제가 없습니다.

문제 31-40 다음 漢字_{한자}의 訓(훈:뜻)과 音(음:읽는 소리)을 쓰세요.

보기

漢 → 한나라 한

31 王
32 外
33 先
34 十
35 民
36 小
37 六
38 水
39 生
40 八

문제 41-44 다음 漢字한자의 訓(훈:뜻)을 〈보기〉에서 찾아 그 번호를 쓰세요.

보기

① 형 ② 여섯 ③ 날 ④ 쇠

41 日

42 金

43 六

44 兄

문제 45-48 다음 漢字한자의 音(음:소리)을 〈보기〉에서 찾아 그 번호를 쓰세요.

보기

① 일 ② 외 ③ 교 ④ 제

45 校

46 外

47 弟

48 一

문제 49-50 다음 漢字한자의 진하게 표시한 획은 몇 번째 쓰는지 〈보기〉에서 찾아 그 번호를 쓰세요.

보기

① 첫 번째 ② 두 번째 ③ 세 번째
④ 네 번째 ⑤ 다섯 번째 ⑥ 여섯 번째
⑦ 일곱 번째 ⑧ 여덟 번째
⑨ 아홉 번째 ⑩ 열 번째
⑪ 열한 번째 ⑫ 열두 번째
⑬ 열세 번째 ⑭ 열네 번째
⑮ 열다섯 번째

49

50

전국한자능력검정시험 8급 모의고사 제2회

50문항 ㅣ 50분 시험 ㅣ 시험일자 : 202○.○○.○○

＊성명과 수험번호를 쓰고 문제지와 답안지는 함께 제출하세요

성명 (   )   수험번호 ☐☐☐-☐☐-☐☐☐☐

문제 1-10 다음의 글을 읽고 ( ) 안 漢字한자의 讀音(독음:읽는 소리)을 쓰세요.

보기

漢 → 한

1 창(門) 너머

2 (東)쪽으로 해가 떴습니다.

3 운동장에는 만(國)기가 펄럭이고

4 모여 앉은 (學)생들은

5 (靑)군과 (白)군으로 나뉘어 응원을 합니다.

6 (先)생님이 호루라기를 불자

7 (兄)들이 축구를 시작합니다.

8 축구경기 후에는 (女)학생들의 발야구 경기가 있습니다.

9 (校)문은 차량을 통제하고

10 (外)부인의 출입을 막고 있습니다.

문제 11-20 다음 훈(訓:뜻)이나 음(音:소리)에 알맞은 漢字한자를 〈보기〉에서 찾아 그 번호를 쓰세요.

보기

① 韓 ② 寸 ③ 九 ④ 水 ⑤ 門
⑥ 月 ⑦ 先 ⑧ 小 ⑨ 日 ⑩ 北

11 아홉

12 촌

13 물

14 문

15 한국/나라

16 일

17 선

18 달

19 북녘

20 소

문제 21-30 다음 밑줄 친 말에 해당하는 漢字한자를 〈보기〉에서 찾아 그 번호를 쓰세요.

보기

① 日 ② 南 ③ 室 ④ 靑 ⑤ 小
⑥ 土 ⑦ 十 ⑧ 白 ⑨ 山 ⑩ 三

21 <u>산</u>에 오르면 기분이 좋아집니다.

22 <u>푸른</u> 하늘을 보며 숨을 들이마십니다.

23 <u>남</u>쪽에서 바람이 불어옵니다.

24 돌탑 <u>열</u> 개가 눈에 띕니다.

25 나도 돌 <u>세</u> 개를 얹어봅니다.

26 <u>하얀</u> 꽃이 수줍게 피어 있습니다.

27 <u>해</u>가 지려 합니다.

28 <u>흙</u>을 밟으며 걷는 기분이 좋습니다.

29 <u>집</u>으로 가도 다시 생각날 것 같습니다.

30 <u>작은</u> 행복이 몽글몽글 피어납니다.

문제 31-40 다음 漢字한자의 訓(훈:뜻)과 音(음:읽는 소리)을 쓰세요.

보기

漢 → 한나라 한

31 年

32 軍

33 東

34 敎

35 金

36 萬

37 西

38 四

39 生

40 月

문제 41-44 다음 漢字한자의 訓(훈:뜻)을 〈보기〉에서 찾아 그 번호를 쓰세요.

보기

① 아홉 ② 마디 ③ 나무 ④ 한국/나라

41　寸

42　九

43　木

44　韓

문제 45-48 다음 漢字한자의 音(음:소리)을 〈보기〉에서 찾아 그 번호를 쓰세요.

보기

① 서 ② 장 ③ 오 ④ 중

45　長

46　五

47　中

48　西

문제 49-50 다음 漢字한자의 진하게 표시한 획은 몇 번째 쓰는지 〈보기〉에서 찾아 그 번호를 쓰세요.

보기

① 첫 번째 ② 두 번째 ③ 세 번째
④ 네 번째 ⑤ 다섯 번째 ⑥ 여섯 번째

49

50

전국한자능력검정시험 8급 모의고사 제3회

50문항 | 50분 시험 | 시험일자 : 2020○.○○.○○

＊성명과 수험번호를 쓰고 문제지와 답안지는 함께 제출하세요

성명 ( ) 수험번호 □□□-□□-□□□□

문제 1-10 다음의 글을 읽고 ( ) 안 漢字한자의 讀音(독음:읽는 소리)을 쓰세요.

보기

漢 → 한

1 다음 주 (火)요일부터 방학입니다.

2 (父)모님과 함께 여행도 가고

3 삼(寸)과 놀이공원도 가고

4 친구들과 (水)영장도 갈 예정입니다.

5 내 (生)일에는

6 야(外)에서 캠핑도 할 겁니다.

7 (先)생님께서

8 (學)년이 올라가기 전에

9 (日)기를 꼭 자주 써보라 하셔서

10 내(年)이 되기 전에 실천할 생각입니다.

문제 11-20 다음 훈(訓:뜻)이나 음(音:소리)에 알맞은 漢字한자를 〈보기〉에서 찾아 그 번호를 쓰세요.

보기

① 學 ② 人 ③ 西 ④ 母 ⑤ 九
⑥ 軍 ⑦ 北 ⑧ 小 ⑨ 日 ⑩ 兄

11 구

12 작다

13 북

14 군사

15 사람

16 일

17 어머니

18 서녘

19 형

20 학

문제 21-30 다음 밑줄 친 말에 해당하는 漢字한자를 〈보기〉에서 찾아 그 번호를 쓰세요.

보기
① 日 ② 門 ③ 人 ④ 民 ⑤ 金
⑥ 外 ⑦ 軍 ⑧ 國 ⑨ 王 ⑩ 十

21 성문이 열렸습니다.

22 오늘은 임금님이 행차하시는 날입니다.

23 행렬을 보호하는 군사들이

24 수십 명은 되어 보입니다.

25 행렬이 가까워지자 백성들은 고개를 숙였습니다.

26 날마다 볼 수 있는 행차가 아니기에

27 성 밖으로 완전히 사라질 때까지

28 사람들은 자리를 지켰습니다.

29 번쩍이는 금빛 깃발이

30 이 나라의 왕을 돋보이게 했습니다.

문제 31-40 다음 漢字한자의 訓(훈:뜻)과 音(음:읽는 소리)을 쓰세요.

보기
漢 → 한나라 한

31 校

32 弟

33 母

34 山

35 白

36 日

37 長

38 寸

39 七

40 南

문제 41-44 다음 漢字한자의 訓(훈:뜻)을 〈보기〉에서 찾아 그 번호를 쓰세요.

보기

① 동쪽 ② 크다 ③ 집 ④ 쇠/성씨

41 室

42 大

43 金

44 東

문제 45-48 다음 漢字한자의 音(음:소리)을 〈보기〉에서 찾아 그 번호를 쓰세요.

보기

① 문 ② 만 ③ 소 ④ 청

45 小

46 門

47 靑

48 萬

문제 49-50 다음 漢字한자의 진하게 표시한 획은 몇 번째 쓰는지 〈보기〉에서 찾아 그 번호를 쓰세요.

보기

① 첫 번째 ② 두 번째 ③ 세 번째
④ 네 번째 ⑤ 다섯 번째 ⑥ 여섯 번째
⑦ 일곱 번째 ⑧ 여덟 번째

49

50

★ 시험 답안지 작성은 이렇게!

❗ 필기구는 반드시 검정색 볼펜, 일반 수성(플러스)펜만!
연필, 컴퓨터용 펜 등은 뭉개져 흐려지거나 번져 제대로 채점되지 않을 수 있어요. 검정색이 아닌 경우도 마찬가지.

❗ 답안 수정은 수정액과 수정테이프로!
수정할 게 많을 땐 답안지를 새로 받아서 작성하는 게 좋아요.

❗ 어린 아이들의 경우 연필과 비슷한 사용감의 펜을 미리 준비하기
수정액·수정테이프 사용법도 미리 익히는 게 좋아요.

❗ 답안지 앞·뒷면의 각 귀퉁이에 있는 ■ 표식은 절대 건드리지 않아요!
전산입력 시 사용되는 인식기준점이에요. 이게 손상되면 답안지를 인식하지 못해 0점 처리될 수도 있답니다.

★ 응시자 정보 기재

성명, 수험번호, 생년월일은
반드시 응시원서와 똑같이
작성해요.

모든 항목은 맨 앞 칸부터
띄어쓰기 없이 써 넣어요.

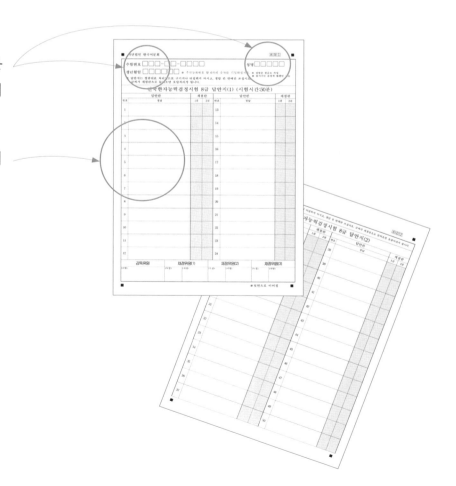

모의고사 1회 전국한자능력검정시험 8급 답안지(1)

번호	정답	1점	2점	번호	정답	1점	2점
1				13			
2				14			
3				15			
4				16			
5				17			
6				18			
7				19			
8				20			
9				21			
10				22			
11				23			
12				24			

감독위원	채점위원(1)		채점위원(2)		채점위원(3)	
(서명)	(득점)	(서명)	(득점)	(서명)	(득점)	(서명)

*답안지는 컴퓨터로 처리되므로 구기거나 더럽히지 않도록 조심하시고 글씨를 칸 안에 또박또박 쓰십시오.

모의고사 1회 전국한자능력검정시험 8급 답안지(2)

번호	정답	1점	2점	번호	정답	1점	2점
25				38			
26				39			
27				40			
28				41			
29				42			
30				43			
31				44			
32				45			
33				46			
34				47			
35				48			
36				49			
37				50			

모의고사 2회 전국한자능력검정시험 8급 답안지(1)

답안란		채점란		답안란		채점란	
번호	정답	1점	2점	번호	정답	1점	2점
1				13			
2				14			
3				15			
4				16			
5				17			
6				18			
7				19			
8				20			
9				21			
10				22			
11				23			
12				24			

감독위원	채점위원(1)		채점위원(2)		채점위원(3)	
(서명)	(득점)	(서명)	(득점)	(서명)	(득점)	(서명)

모의고사 2회 전국한자능력검정시험 8급 답안지(2)

답안란		채점란		답안란		채점란	
번호	정답	1점	2점	번호	정답	1점	2점
25				38			
26				39			
27				40			
28				41			
29				42			
30				43			
31				44			
32				45			
33				46			
34				47			
35				48			
36				49			
37				50			

모의고사 3회 전국한자능력검정시험 8급 답안지(1)

답안란		채점란		답안란		채점란	
번호	정답	1점	2점	번호	정답	1점	2점
1				13			
2				14			
3				15			
4				16			
5				17			
6				18			
7				19			
8				20			
9				21			
10				22			
11				23			
12				24			

감독위원	채점위원(1)		채점위원(2)		채점위원(3)	
(서명)	(득점)	(서명)	(득점)	(서명)	(득점)	(서명)

모의고사 3회 전국한자능력검정시험 8급 답안지(2)

번호	정답	1점	2점	번호	정답	1점	2점
	답안란	채점란			답안란	채점란	
25				38			
26				39			
27				40			
28				41			
29				42			
30				43			
31				44			
32				45			
33				46			
34				47			
35				48			
36				49			
37				50			

정답

연습문제 1

01	부	02	모
03	목	04	일
05	남	06	산
07	사	08	촌
09	여	10	생
11	⑨	12	③
13	⑩	14	①
15	⑦	16	②
17	⑧	18	④
19	⑤	20	⑥
21	②	22	⑥
23	⑩	24	④
25	⑧	26	③
27	⑤	28	⑦
29	⑨	30	①
31	물 수	32	북녘 북
33	아홉 구	34	가운데 중
35	먼저 선	36	배울 학
37	여덟 팔	38	일만 만
39	나라 국	40	가르칠 교
41	④	42	③
43	②	44	①
45	③	46	④
47	②	48	①
49	⑧	50	⑦

연습문제 2

01	사	02	오
03	일	04	목

05	교	06	생
07	학	08	선
09	년	10	실
11	⑤	12	③
13	②	14	①
15	⑦	16	④
17	⑧	18	⑩
19	⑥	20	⑨
21	⑥	22	①
23	⑨	24	②
25	③	26	④
27	⑧	28	⑦
29	⑤	30	⑩
31	한국/나라 한	32	열 십
33	남녘 남	34	아홉 구
35	여자 녀(여)	36	가르칠 교
37	백성 민	38	북녘 북
39	긴 장	40	집 실
41	④	42	③
43	①	44	②
45	④	46	③
47	①	48	②
49	⑥	50	②

연습문제 3

01	형	02	제
03	부	04	모
05	이	06	학
07	년	08	오
09	교	10	실
11	⑤	12	③

13	②	14	①
15	⑦	16	④
17	⑧	18	⑩
19	⑥	20	⑨
21	⑤	22	⑧
23	⑦	24	②
25	⑥	26	③
27	⑨	28	⑩
29	①	30	④
31	남녘 남	32	임금 왕
33	일곱 칠	34	해 년(연)
35	군사 군	36	형 형
37	여덟 팔	38	집 실
39	일만 만	40	바깥 외
41	②	42	④
43	①	44	③
45	③	46	④
47	①	48	②
49	⑦	50	⑨

연습문제 4

01	수	02	학
03	부	04	모
05	교	06	장
07	선	08	생
09	교	10	실
11	②	12	⑥
13	④	14	⑨
15	①	16	⑦
17	③	18	⑩
19	⑤	20	⑧

21	⑥	22	⑧
23	⑩	24	⑨
25	③	26	②
27	④	28	⑦
29	①	30	⑤
31	여자 녀(여)	32	백성 민
33	일곱 칠	34	임금 왕
35	메/산 산	36	학교 교
37	군사 군	38	다섯 오
39	흰 백	40	날 생
41	④	42	①
43	②	44	③
45	③	46	①
47	④	48	②
49	⑥	50	④

연습문제 5

01	동	02	서
03	남	04	삼
05	대	06	한
07	민	08	국
09	산	10	생
11	②	12	⑥
13	⑩	14	④
15	①	16	⑦
17	⑧	18	⑤
19	⑨	20	③
21	⑥	22	②
23	③	24	①
25	⑧	26	④
27	⑦	28	⑩

29	⑨	30	⑤
31	학교 교	32	해 년(연)
33	날 생	34	배울 학
35	작을 소	36	아홉 구
37	불 화	38	북녘 북
39	열 십	40	여덟 팔
41	③	42	①
43	②	44	④
45	③	46	①
47	②	48	④
49	③	50	⑤

연습문제 6

01	한	02	국
03	동	04	일
05	서	06	중
07	북	08	민
09	형	10	제
11	⑩	12	④
13	②	14	⑥
15	③	16	⑤
17	⑦	18	⑧
19	⑨	20	①
21	④	22	⑦
23	⑨	24	①
25	③	26	⑧
27	⑥	28	⑩
29	⑤	30	②
31	작을 소	32	군사 군
33	임금 왕	34	일만 만
35	불 화	36	남녘 남

37	쇠 금/성씨 김	38	흰 백
39	형 형	40	북녘 북
41	④	42	①
43	②	44	③
45	③	46	②
47	④	48	①
49	④	50	⑪

연습문제 7

01	삼	02	월
03	학	04	교
05	이	06	년
07	교	08	실
09	선	10	생
11	③	12	⑧
13	④	14	⑦
15	①	16	⑥
17	⑤	18	②
19	⑨	20	⑩
21	③	22	⑦
23	⑧	24	⑥
25	②	26	⑩
27	④	28	⑤
29	⑨	30	①
31	여덟 팔	32	나라 국
33	먼저 선	34	가르칠 교
35	큰 대	36	가운데 중
37	바깥 외	38	서녘 서
39	아홉 구	40	아우 제
41	③	42	②
43	④	44	①

45	③	46	②
47	①	48	④
49	⑦	50	③

연습문제 8

01	학	02	교
03	외	04	국
05	인	06	선
07	생	08	교
09	실	10	문
11	④	12	⑦
13	⑤	14	⑥
15	①	16	②
17	③	18	⑧
19	⑨	20	⑩
21	⑥	22	⑩
23	②	24	⑦
25	⑨	26	④
27	③	28	①
29	⑧	30	⑤
31	마디 촌	32	푸를 청
33	긴 장	34	바깥 외
35	남녘 남	36	한국/나라 한
37	일만 만	38	가운데 중
39	메/산 산	40	군사 군
41	①	42	④
43	②	44	③
45	④	46	②
47	①	48	③
49	②	50	④

연습문제 9

01	형	02	제
03	부	04	모
05	외	06	삼
07	사	08	촌
09	여	10	문
11	②	12	③
13	⑦	14	⑥
15	⑧	16	⑩
17	⑤	18	⑨
19	④	20	①
21	⑥	22	②
23	⑧	24	⑦
25	①	26	⑤
27	③	28	④
29	⑨	30	⑩
31	여섯 륙(육)	32	해 년(연)
33	불 화	34	다섯 오
35	군사 군	36	물 수
37	일곱 칠	38	쇠 금/성씨 김
39	북녘 북	40	사람 인
41	③	42	②
43	①	44	④
45	①	46	③
47	②	48	④
49	③	50	④

연습문제 10

| 01 | 십 | 02 | 이 |
| 03 | 월 | 04 | 오 |

05	금	06	여
07	교	08	삼
09	목	10	형
11	⑦	12	⑨
13	①	14	④
15	⑧	16	⑩
17	②	18	⑥
19	⑤	20	③
21	①	22	⑩
23	⑤	24	⑨
25	②	26	③
27	⑧	28	④
29	⑦	30	⑥
31	쇠 금/성씨 김	32	한 일
33	가르칠 교	34	서녘 서
35	날 생	36	여섯 륙(육)
37	일만 만	38	동녘 동
39	배울 학	40	해 년(연)
41	②	42	①
43	④	44	③
45	④	46	②
47	③	48	①
49	⑨	50	⑤

모의고사 제1회

01	학	02	교
03	칠	04	토
05	촌	06	동
07	청	08	사
09	여	10	중
11	⑧	12	④
13	⑤	14	①

15	⑦	16	⑨
17	⑩	18	⑥
19	②	20	③
21	④	22	③
23	②	24	①
25	⑤	26	⑥
27	⑦	28	⑧
29	⑩	30	⑨
31	임금 왕	32	바깥 외
33	먼저 선	34	열 십
35	백성 민	36	작을 소
37	여섯 륙(육)	38	물 수
39	날 생	40	여덟 팔
41	③	42	④
43	②	44	①
45	③	46	②
47	④	48	①
49	⑧	50	③

모의고사 제2회

01	문	02	동
03	국	04	학
05	청, 백	06	선
07	형	08	여
09	교	10	외
11	③	12	②
13	④	14	⑤
15	①	16	⑨
17	⑦	18	⑥
19	⑩	20	⑧
21	⑨	22	④
23	②	24	⑦

25	⑩	26	⑧
27	①	28	⑥
29	③	30	⑤
31	해 년(연)	32	군사 군
33	동녘 동	34	가르칠 교
35	쇠 금/성씨 김	36	일만 만
37	서녘 서	38	넉 사
39	날 생	40	달 월
41	②	42	①
43	③	44	④
45	②	46	③
47	④	48	①
49	④	50	④

31	학교 교	32	아우 제
33	어머니 모	34	메/산 산
35	흰 백	36	날 일
37	긴 장	38	마디 촌
39	일곱 칠	40	남녘 남
41	③	42	②
43	④	44	①
45	③	46	①
47	④	48	②
49	⑧	50	⑤

모의고사 제3회

01	화	02	부
03	촌	04	수
05	생	06	외
07	선	08	학
09	일	10	년
11	⑤	12	⑧
13	⑦	14	⑥
15	②	16	⑨
17	④	18	③
19	⑩	20	①
21	②	22	⑨
23	⑦	24	⑩
25	④	26	①
27	⑥	28	③
29	⑤	30	⑧